Leises Glück der Weihnacht

RAINER HAAK

Leises Glück der Weihnacht

SKV-EDITION

Der Sommer ist längst vergangen.
Das helle Licht, die bunten Farben,
die lauten Töne – vorbei!

Alles wird wiederkommen.
Auch der Winter dauert nicht ewig.
Doch jetzt will ich akzeptieren,
dass es kalt und dunkel ist.

Und vielleicht entdecke ich
in diesen besonderen Tagen
etwas vom Glück der Weihnachtszeit.

5

Etliche von uns fliehen regelmäßig
aus der bitteren Kälte in die Wärme,
aus dem Norden in den Süden,
aus der Dunkelheit in die Sonne.
Manchmal beneide ich sie
und stelle mir vor, ich würde es auch tun.

Doch ich weiß, dass ich auf einer warmen Insel
nicht die wichtigen Erfahrungen machen könnte,
die hier in der Kälte auf mich warten.
So bleibe ich gern und freue mich auf den Winter.

Das gehört für mich in dieser Zeit dazu:
Ich schmücke die Wohnung weihnachtlich.
Ich freue mich über eine brennende Kerze
und über eine Kanne dampfenden Tee.

Auch heute, wie jeden Tag im Dezember,
verlasse ich gern einmal meine warme Wohnung
und nehme mir genügend Zeit,
um einen ausgedehnten Spaziergang zu machen.
Dick verpackt trotze ich der Kälte.
Und je länger ich gehe, umso mehr fühle ich
eine tiefe Verbundenheit mit der schlafenden Natur.

Gern erinnere ich mich an schöne Feste draußen hinter dem Haus, an laue Sommerabende unten am Fluss und an Gärten mit bunten Blumen und reifen Früchten.

Das ist lange vorbei. Trotzdem ist alles in mir noch sehr lebendig. Ich bin froh, dass ich dabei war und es erleben durfte. Und ich bin dankbar, dass ich jetzt Zeit habe, alles zu verarbeiten und mich auf ein neues Jahr vorzubereiten.

In den Weihnachtstagen nehme ich mir für manches Zeit, was sonst zu kurz kommt. Ich sitze mit lieben Menschen zusammen bei Gebäck und Tee, und wir reden über lustige und ernste Dinge.

Ich gehe spazieren, höre Musik und schreibe Briefe. Ich schaue mir Fotos von früher an und denke über mein Leben nach. Und ich freue mich über Kleinigkeiten, die ich sonst oft übersehe.

13

Wenn ich viel gearbeitet habe, brauche ich Zeit, um mich zu erholen. Wenn ich intensiv nach außen gelebt habe, muss ich langsam wieder »zu mir kommen«. Wenn ich viel erlebt habe, brauche ich eine Phase, in der ich leiser lebe.

Jetzt ist keine Zeit für laute Worte, sondern für leise Gedanken. Ich will niemandem imponieren, sondern fragen, was ich in meinem Leben ändern muss. Ich erwarte jetzt nicht das große Glück, aber ich bin offen für das kleine, leise Glück.

An manchen Menschen, die ich gut zu kennen glaubte, entdecke ich in diesen Tagen völlig neue Seiten. Ich erfahre, dass sie nicht nur laut und anstrengend sind. Ich stelle fest, dass sie nicht nur egoistisch und fordernd sind. Ich freue mich, dass ich sie fröhlich erlebe und nachdenklich, interessiert und liebevoll.

Wie gut ist es, wenn wir uns Zeit füreinander nehmen und bereit sind, uns neu kennen zu lernen!

17

Die Weihnachtsgeschichte von der Geburt des Kindes in einem armseligen Stall scheint so gar nicht in unsere Zeit zu passen. Und trotzdem spüre ich, dass sie mich berührt und betroffen macht. Und ich denke: Vielleicht gibt es doch größere und wichtigere Lebensziele als Luxus und Wohlstand.

Im Winter fällt es mir leichter, von manchem Abschied zu nehmen und loszulassen. Ich muss nicht alles haben. Ich muss nicht alles erreichen. Ich muss nicht alles wissen.

Der Winter macht mir deutlich, dass die Bäume nicht in den Himmel wachsen. Ich will herausfinden, was mir wichtig ist.

Wenn ich bewusst loslasse, gewinne ich Freiheit. Meine Hände werden frei und auch mein Herz. Schon oft habe ich erfahren, wie sehr es mich belastet, wenn ich mich von nichts trennen kann.

Manchmal fällt es mir zum Beispiel schwer, meine Sorgen loszulassen. Ob ich so sehr daran hänge? Je weniger Sorgen ich mir mache, umso freier und zufriedener fühle ich mich. Am liebsten würde ich mich gleich von ihnen trennen!

Je weniger ich besitze, umso mehr kann ich das, was ich habe, schätzen und genießen. Je weniger Ablenkung ich habe, umso mehr kann ich mich auf eine Sache konzentrieren.

Wenn jetzt eine unscheinbare Christrose im Garten blüht, freue ich mich darüber ganz besonders. Manchmal mache ich zu Hause das Licht aus und zünde eine Kerze an. Und nichts lenkt mich davon ab, in die tänzelnde Flamme zu schauen und zu träumen. Was für ein Reichtum!

$\mathcal{I}$ch muss nicht stets beweisen, was ich alles kann und was in mir steckt. Ich muss nicht immer im Mittelpunkt stehen. Ich muss nicht stets Sieger sein. Ich muss nicht die Nummer Eins werden.

Viel zu lange habe ich versucht, die Erwartungen zu erfüllen, die meine Mitmenschen in mich setzen!

Zu Weihnachten wird mir wieder deutlich, dass es viele Werte gibt, die ich vernachlässigt habe. Liebe, Vertrauen und Mitmenschlichkeit will ich nicht meinem beruflichen Erfolg opfern. Fröhlichkeit und Lachen will ich nicht gegen alles Geld der Welt eintauschen.

Friede auf Erden!«, so habe ich die Weihnachtsbotschaft in Erinnerung. Und gerade in diesen Tagen habe ich eine große Sehnsucht danach. Aber die Botschaft des Friedens scheint in unserer Welt nicht auf fruchtbaren Boden zu fallen. Ob wir Menschen nichts dazulernen?

arum eigentlich kann der Friede nicht in mein Leben einziehen? Ich will es doch! Was kann ich tun? Vielleicht kann ich aufhören mit meinen Rachegedanken. Ich muss es meinen Gegnern nicht »heimzahlen«. Ich muss nicht um jeden Preis Recht behalten. Ich darf Frieden schließen, mit mir selbst und mit meinen Mitmenschen.

War ich früher glücklicher als heute? Früher konnte ich mich über so vieles freuen. Früher hätte ich manchmal die ganze Welt umarmen können.

Vielleicht habe ich das Glück seitdem am falschen Ort gesucht. Vielleicht wollte ich immer mehr, statt mit weniger zufrieden zu sein.
In der Weihnachtszeit mache ich mich neu auf die Suche nach einem erfüllten Leben.

Manches kann ich nur dann sehen, wenn ich langsam durch die Welt gehe und mir viel Zeit nehme. Manches kann ich nur dann erleben, wenn ich aufhöre, durchs Leben zu hetzen. Manches kann ich nur dann wahrnehmen, wenn ich innerlich und äußerlich zur Ruhe komme.

Vielleicht muss ich das Leben neu lernen – langsam und leise.

Die Weihnachtsgeschichte, wie sie in der Bibel überliefert ist, erzählt von langen, anstrengenden Wegen. Auch ich habe noch manchen schweren Weg vor mir. Ich werde einiges in meinem Leben verändern. Ich werde manches loslassen und anderes neu beginnen.

Es ist gut zu wissen, wohin der Weg gehen soll. Es ist wichtig, die Richtung zu kennen. Wie oft wusste ich gar nicht, wohin! Wie oft irrte ich ohne Ziel durchs Leben!

Manchmal wünschte ich mir, ich würde ein helles Licht sehen, das mir die Richtung weist. So wie damals, als ein heller Stern leuchtete.

Manchmal fühle ich mich gerade dann besonders lebendig, wenn ich spazieren gehe, ohne zu wissen, wohin. Manchmal geht es mir in meinem Leben gerade dann besonders gut, wenn ich gar nichts erreichen will.

Ich muss nicht ständig wichtige Aufgaben erfüllen. Ich muss nicht jede Minute verplanen. Sonst hätte das Leben schließlich keine Möglichkeit, mich immer wieder einmal zu überraschen.

Ich glaube nicht, dass ich das Glück dort finde, wo am lautesten gelacht wird und wo die größten Autos vor der Tür stehen. Das Glück finde ich nicht zuerst im Überfluss.
Eher finde ich es dort, so habe ich festgestellt, wo ich bereit bin, die Schmerzen des Lebens auszuhalten.

Vielleicht finde ich das Glück draußen in der Schönheit und Einsamkeit der Natur. Vielleicht finde ich es, wenn ich die Kälte aushalte und nur meine eigenen Schritte höre. Und vielleicht dann, wenn ich heimkehre und erwartet werde.

Einfach nur staunen. Mich selbst völlig vergessen. Schauen und hören. Das Gefühl der Verbundenheit genießen. Nichts wünschen und alles haben.

Manchmal denke ich: Ich brauche nicht viel, um glücklich zu sein. Aber das stimmt nicht. Mich ganz einem Menschen oder einer Sache zu widmen, das ist so viel mehr, als mal das eine zu tun und im nächsten Augenblick etwas völlig anderes. Weniger ist oft tatsächlich mehr.

Manche Tage sind zauberhaft, auch wenn es kalt ist und die Sonne nur kurz scheint. Manche Begegnungen sind unvergesslich, auch wenn nichts Spektakuläres passiert ist. Manches ist faszinierend, auch wenn es nichts kostet.

Und eine kleine Geschichte kann mich tief berühren, auch wenn sie nur von der Geburt eines Kindes im Stall handelt.

Das neue Jahr liegt vor mir. Mein Leben liegt vor mir. Ich darf es gestalten. Und ich habe mich entschlossen: Ich will nicht andere für mich entscheiden lassen.

Noch ist vieles möglich. Noch kann ich meine Seele befragen, wohin mich mein Weg führen soll.

$\mathcal{G}$erade in der Weihnachtszeit lerne ich neu, dem Leben zu vertrauen. Auch wenn ich nicht weiß, was mich erwarten wird, will ich mich auf den Weg machen.

Manchmal wird es sehr anstrengend sein. Manchmal werden sich Hindernisse vor mir auftürmen. Und manchmal werde ich lächeln und glücklich sein.

Jetzt im Winter freue ich mich über jedes Zeichen des Lebens. Ich bin dankbar für jedes Licht, das die Dunkelheit erleuchtet.

Vor allem freue ich mich, wenn ich feststelle, wie lebendig ich bin: Ich gehe hinaus und überwinde meine Faulheit. Ich sage, was ich glaube, und überwinde meine Angst. Ich gehe auf meine Mitmenschen zu und fühle mich reich beschenkt.

Glücklich sind die Menschen, die sich auf den neuen Tag freuen und ihn als einzigartiges Geschenk sehen. Glücklich sind alle, die in der Dunkelheit darauf vertrauen, dass es auch für sie bald wieder hell sein wird.

Jedes Jahr gerade zu Weihnachten wird mir deutlich, dass am Ende einer langen, dunklen Nacht immer wieder ein neuer Tag beginnt.

Bildnachweis:
Umschlagbild: S. Thamm
Innenbilder: S. 4: G. Hettler; S. 5, 45: G. Weissing; S. 6/7: M. Höfer; S. 8, 18, 29: S. Thamm; S. 9: E. Tomschi; S. 10/11, 40/41: A. Bomke; S. 12: K. Forster; S. 13: Jessen/L. Reupert; S. 14/15: K. Puntschuh; S. 16, 43: G. Burbeck; S. 17: Foto Schreyer-Löbl; S. 19, 25: L. Lenz; S. 20/21: V. Rauch; S. 22: B. Ch. Titz/TIPHO; S. 23: Hollweck/IFA-Bilderteam; S. 24: Index Stock/IFA-Bilderteam; S. 26/27: Lahall/IFA-Bilderteam; S. 28: R. Schmid/-HUBER; S. 30/31: W. Layer; S. 32: Meyer/Photo-Center; S. 33: Jakob/Photo Press; S. 34: H. + B. Dietz; S. 35: R. Kirsch; S. 36/37: Karin Lehmann; S. 38: J. den Besten; S. 39: S. Kuttig; S. 42: T. Schneiders; S. 44: R. Maier/-IFA-Bilderteam; S. 46/47: M. Pfefferle

Informationen über Bücher und Veranstaltungen
von Rainer Haak erhalten Sie im Internet unter:
www.rainerhaak.de

Die Deutsche Bibliothek – CIP-Einheitsaufnahme

Ein Titeldatensatz für diese Publikation ist bei
Der Deutschen Bibliothek erhältlich.

ISBN 3-8256-4564-9
Bestell-Nr. 94564
© 2002 by SKV-EDITION, Lahr/Schwarzwald
Gesamtherstellung:
St.-Johannis-Druckerei, Lahr/Schwarzwald
Printed in Germany 108760/2002